MW01601035

# Leonar y Kwame en la estepa

Miguel Ángel Núñez

Núñez, Miguel Ángel

*Leonar y Kwame en la estepa* / Miguel Ángel Núñez /
Valencia: Letra de Colores Ediciones, 2024. Serie
narcisismo explicado a niños

21,59 x 21,59 cm.

1. LITERATURA INFANTIL 2. VALORES 3. FAMILIA
4. NARCISISMO 5. AUTOESTIMA DESMEDIDA

Corrección de texto: Mery Thomann

Letra de Colores Ediciones ® es un sello subsidiario de Fortaleza
Ediciones para la producción de libros para el público infantil.

**FORTALEZA EDICIONES** ®
Quart de les Valls
Valencia
España

# Leonar y Kwame en la estepa

## Miguel Ángel Núñez

Serie
Narcisismo explicado a niños
(Edad 9 a 12 años)

Letra de Colores Ediciones

# INSTRUCCIONES PARA LA LECTURA

La serie **Narcisismo explicado a niños**, tiene como objetivo ayudar a niños de entre 9 y 12 años a comprender algunas de las características más importantes de este trastorno de la personalidad.

Tiene como fin proveer un medio para que los padres, docentes o tutores puedan dialogar con los niños.

Por esa razón, algunas sugerencias para que este material cumpla con su utilidad:

- En lo posible, leer el libro junto a los niños.
- Al terminar, no hablar dando la lección, sino preguntar a los niños: "¿Qué has aprendido?" "¿Cómo puedes aplicar lo aprendido?" "¿Qué dudas tienes de la historia?

En el caso de este libro en particular lo que interesa es aprender que: "Los narcisistas suelen tener una autoestima muy alta".

Había una vez en
la vasta y soleada
estepa africana, un
león llamado Leonar.

Leonar era conocido por su impresionante melena dorada y su imponente presencia.

Leonar caminaba con paso firme y seguro, con la cabeza alta y la mirada desafiante.

Leonar se sentía el rey indiscutible de la sabana y no dudaba en demostrarlo a todos los animales que encontraba en su camino.

Un día, mientras paseaba por la estepa, se encontró con Kwame, un joven elefante que estaba tratando de llegar a un manantial cercano.

Kwame era un elefante amable y gentil, pero también un poco inseguro de sí mismo debido a su juventud y falta de experiencia.

Leonar, al ver a Kwame, se acercó con una actitud altiva y arrogante. "¿Qué hace un elefante como tú en mi territorio?" preguntó con desdén.

Kwame, sintiéndose intimidado por la presencia imponente de Leonar, respondió tímidamente: "Solo estoy buscando agua, señor león. No quiero causar problemas."

Leonar sonrió con autosuficiencia y se pavoneó frente a Kwame. "Yo soy el rey de esta tierra", declaró con orgullo. "Y aquí, todos deben rendirme homenaje y respeto."

Kwame, aunque asustado, no pudo evitar sentirse un poco molesto por la actitud arrogante de Leonar.

Con timidez Kwame replicó: "Pero todos necesitamos agua para sobrevivir", dijo valientemente. "Nadie tiene más derecho que otro a beber de este manantial."

Leonar frunció el ceño ante la respuesta de Kwame, pero luego se echó a reír con suficiencia. "Tienes razón, elefantito", dijo con un tono burlón. "Pero yo soy el más fuerte y poderoso de todos los animales, y eso me hace digno de tener lo mejor".

Kwame, aunque se sintió indignado por las palabras de Leonar, decidió no discutir más y se retiró en busca de agua en otro lugar.

Pronto encontró
Kwame un espacio
de agua y quedó muy
feliz bañándose en un
manantial solo para él,
contento como recién
nacido.

Después de que
Kwame se marchara,
Leonar se quedó
solo en el manantial,
pensando en lo que
había dicho el joven
elefante.

Por primera vez, comenzó a cuestionarse su actitud arrogante y egocéntrica.

Se dio cuenta de que
su autoestima elevada
lo había llevado
a menospreciar
a los demás y a
no considerar sus
necesidades.

Decidido a cambiar, Leonar se propuso ser más considerado y respetuoso con los demás animales de la estepa.

Con su cambio de actitud los demás animales volvieron a reír y sentirse a gusto, como los elefantes que volvieron a disfrutar de los manantiales.

Cuando Kwame
se enteró volvió al
manantial a disfrutar
en paz, sabiendo
que Leonar había
cambiado de actitud.

Leonar seguía siendo el rey de los animales, pero ahora no le temían porque había entendido que el agua del manantial y la estepa es para todos.

Kwame se acercaba al manantial tranquilo porque sabía que Leonar no estaría enojado y le dejaría beber agua tranquilo junto a sus amigos.

Kwame aprendió que la base de la colaboración es lo que permite vivir en paz, junto a los vecinos y amigos.

Leonar dejó de actuar con arrogancia y empezó a valorar la importancia de compartir y cooperar con los demás para asegurar la armonía en su hogar en la estepa africana.

De esa forma la estepa se convirtió en un lugar agradable para vivir.

Kwame y Leonar aprendieron que si hay acuerdo, respeto y colaboración todos pueden usar el manantial sin molestar uno al otro.

A veces se ve a Kwame y a Leonar caminando uno junto al otro en paz, todo porque Leonar decidió cambiar de actitud. Eso hace la colaboración y el respeto.

# Miguel Ángel Núñez

Nació en la ciudad de Salta, Argentina, pero vivió casi toda su vida en Chile, de donde proceden sus padres, por eso posee doble nacionalidad, chilena y argentina.

Doctor en Teología Sistemática (UAP, Argentina); Magister en teología (UAP, Argentina); Licenciado en Filosofía y Educación (UC, Chile); Licenciado en Teología (UNACh); Licenciado en Teología (UAP); Orientador familiar (UCN, Chile); Mg. en Conflicto y Mediación (UMC, España); estudios en Maestría en Psicoterapia breve y otra en Maestría en Sexología clínica.

Ha dado clases de pre y posgrado en Chile, Argentina, Perú y México. Ha sido profesor invitado para universidades de Colombia, Ecuador, Perú, Chile, Argentina, Panamá, México, Bolivia, Brasil, Venezuela, España, EE.UU., Rusia y El Salvador. Actualmente es docente invitado de Logos University (Jacksonville, Florida, EE.UU.) y de Carey Bible College (Lindsay, California, EE.UU.).

Es además, terapeuta de parejas, mediador y orientador familiar.

Este libro es parte de una serie sobre NARCISISMO, que tiene como fin explicar este trastorno de la personalidad a niños, utilizando la estrategia de acercarlos a través de historias con animales, y que sirvan para que los padres puedan dialogar con sus hijos e hijas respecto a este problema tan serio.

# Otros libros de la colección

## Colección: Para aprender, recortar y pegar

- Alice Abbey. *Animales de Chile.*
- Alice Abbey. *Animales de África I*
- Alice Abbey. *Animales de África II*
- Alice Abbey. *Animales domésticos.*
- Alice Abbey. *Razas de perros I, II y III.*

## Colección Héroes verdaderos

- Miguel Ángel Núñez. *María, la polaca.*

## Libros en preparación

- David Ponte. *El viejo árbol.*
- Ítalo Violo. *Baltasar y la moneda.*
- Mery Thomann. *Mamá, ¿por qué lloras?*
- Narda Varillas. *Nancy y las flores.*
- Patricia Méndez. *Donde está Nachito.*
- Patricia Méndez. *El pequeño vigía.*
- Patricia Méndez. *La nueva compañera de clases.*
- Patricia Méndez. *Los detalles importan a Dios.*
- Patricia Méndez. *Margarita Flores.*
- Patricia Méndez. *Mejor que Santa Claus.*
- Patricia Méndez. *Un pequeño grande.*
- Patricia Méndez. *Una araña guardiana.*

Made in the USA
Middletown, DE
30 March 2025

73482678R00040